SOUVENIR

DE

LA FÊTE PATRIOTIQUE

Du 11 Mai 1890

OFFERT AUX

Combattants de 1870-1871

DE SAINT-LAURENT-DE-CHAMOUSSET (Rhône)

PAR

L'Abbé P. PROTIÈRE

LYON

IMPRIMERIE DE PITRAT AÎNÉ

4, RUE GENTIL, 4

—

1891

SOUVENIR

DE

LA FÊTE PATRIOTIQUE

Du 11 Mai 1890

OFFERT AUX

Combattants de 1870-1871

DE SAINT-LAURENT-DE-CHAMOUSSET (Rhône)

PAR

L'Abbé P. PROTIÈRE

LYON

IMPRIMERIE DE PITRAT AÎNÉ

4, RUE GENTIL, 4

—

1891

A MES CHERS COMPATRIOTES

ANCIENS COMBATTANTS DE 1870-1871

HOMMAGE DE RESPECTUEUX DÉVOUEMENT
ET DE FRATERNELLE AMITIÉ

P. PROTIÈRE

Jarnioux, le 11 Mai 1891.

Il n'y a peut-être pas de région en France, qui n'ait donné au vingtième anniversaire de l'année douloureuse un souvenir de patriotisme fidèle et recueilli. Chaque canton, pour ne pas dire chaque commune, a réuni dans une fête fraternelle les anciens combattants appelés il y a vingt ans sous le même drapeau.

Saint-Laurent-de-Chamousset mérite à ce titre une mention spéciale. Sur l'initiative spontanée de quelques jeunes hommes qui savent ne pas oublier, une Commission se formait en mars 1890 et projetait pour le 11 mai cette fête commémorative de 1870-1871, qu'une même pensée allait bientôt reproduire dans de si nombreuses localités.

C'est le propre des sentiments qui tiennent à l'âme d'un pays et sont l'affirmation de sa vitalité, de se manifester soudainement au grand jour sans que rien d'officiel en ait donné le signal. L'explosion se fait de toute part à la fois, et personne ne sait quel a été le choc mystérieux d'où jaillit l'étincelle.

Mais lorsqu'on voit le patriotisme en être simultanément la cause et l'effet, l'étonnement disparaît, car on sent tressaillir en soi-même cet amour sacré de la Patrie, dont les chants enthousiasmaient nos vingt ans et dont le feu ne s'éteindra jamais en nous.

A tous ces titres nous offrons une fois encore nos félicitations les plus cordiales, à MM. Vermare, J.-M. Granjon, Mazard, Sarrazin et Gonin, commissaires de cette fête locale du 11 mai et que l'année 1890 devait rendre générale. Ils ont bien mérité de tous leurs frères d'armes et le succès qui a couronné leur entreprise en dit assez la généreuse et louable opportunité.

L'histoire de cette journée n'est plus à faire; le compte rendu en a été donné par les divers journaux de Lyon. Citons seulement pour mémoire cet extrait d'un organe de nos montagnes, le *Réveil de Tarare*, 18 mai 1890.

Une Fête patriotique. — « Dimanche, 11 mai, les rues de Saint-Laurent présentaient une animation et un aspect inaccoutumés. Malgré une pluie fâcheuse, un très grand nombre de maisons étaient pavoisées aux couleurs nationales et enguirlandées de verdure. Des groupes se formaient partout pour attendre le défilé des anciens combattants de 1870.

« A 9 heures 1/2 du matin, ils débouchaient dans le faubourg, au nombre de cent vingt, en y comprenant la fanfare qui les précédait, bannière en tête, en exécutant ses marches les plus guerrières, ses airs les plus patriotiques. Trois drapeaux flottaient sur leurs rangs, portés par MM. Quinault, Etienne Granjon et Sarrazin.

« A l'église, la grand'messe, chantée pour eux, réunissait

une foule imposante de fidèles, telle qu'elle avait peine à trouver place dans l'enceinte. Pendant la cérémonie, les chants liturgiques alternaient avec les accords de la fanfare.

« Au prône, M. l'abbé Protière, curé de Jarnioux, qui fut un serviteur de la Patrie en 1870, tira de son cœur une remarquable allocution de circonstance, qui émut très vivement les assistants. »

En publiant exclusivement pour eux l'allocution dont il est ici question, je ne cède pas aux trop élogieuses appréciations de nos compatriotes, mais bien au désir sincère de leur être agréable et de faire revivre en eux les profondes émotions de cette fête inoubliable.

SOUVENIR

DE

LA FÊTE PATRIOTIQUE

Du II Mai I890

MES CHERS CAMARADES,

C'est à la suite du drapeau, d'un pas militairement rythmé par la fanfare et les tambours, que nous sommes entrés dans la maison de Dieu.

Vous me dispenserez donc de vous dire les sentiments qui vibrent en moi. Ce sont les vôtres ; ceux-là, toujours les mêmes que nous portions au cœur il y a vingt ans. Alors, il m'en souvient, engagés volontaires ou appelés par le sort, nous parcourions ensemble les rues du village, comprenant dans un commun adieu la maison paternelle et l'église où nos mères n'avaient pas attendu l'heure du danger pour prier.

Vous avez fait áppel à mon cœur de patriote ; je vous parlerai de la Patrie : Vous attendez de moi une parole d'apôtre ; je vous parlerai de la Religion, source féconde de tous les dévouements. Patriote et Prêtre, double titre que je revendique hautement aujourd'hui, le premier parce qu'il me donna en vous des compagnons d'armes qui le portent noblement, le second parce qu'il me confère le droit de vous parler ici.

Dans sa célèbre Encyclique sur les Devoirs du chrètien,

Léon XIII enseigne que l'amour de la religion et l'amour de la patrie, jaillissent de la même source et ont le même principe éternel; Dieu, cause de l'un et de l'autre.

Désignés ainsi d'avance à notre vénération par cette communauté d'origine, la religion et le patriotisme se prêtent un mutuel appui. Aussi nos Annales françaises n'ont jamais enregistré de plus hauts faits qu'aux époques où ces deux sentiments, devenus deux devoirs inséparables, marchaient de pair. Leur alliance n'est pas stérile et nous savons par les récits du passé à qu'elle sublimité héroïque peuvent prétendre les peuples, qui luttent vaillamment pour la défense commune de leurs autels et de leurs foyers, *pro aris et focis*.

Et comme le même Dieu, créateur des mondes, est aussi la Providence qui les conserve, les nations, quand il en est besoin, doivent être régénérées par les mêmes vertus qui présidèrent à leur berceau. On a pu dire ainsi : que la France a été créée par un génie qui d'une main tenait l'épée, et de l'autre, la croix du chrétien. Il faut donc qu'un Français en levant les yeux au ciel, puisse contempler à la même hauteur la croix du prêtre et l'épée du soldat.

Mais il est des temps malheureux où les passions humaines obscurcissent le ciel; les yeux n'en lisent plus les symboles sacrés tant que l'orage n'a pas emporté les nuages. Or, quand la religion s'alanguit, Dieu demande l'épreuve de la persécution ou le sang des martyrs, afin de lui infuser une vie nouvelle, plus généreuse et plus féconde. Quand la Patrie a besoin de sacrifices et d'exemples, la Providence qui veut sauver les nations suscite des héros, et c'est le patriotisme qui les fait d'autant plus sublimes que la religion leur aura davantage inspiré le souffle de Dieu.

Avant 1870, a écrit le général Ambert : « la fortune nous souriait. Tout était sujet de distractions passagères. Les arts brillaient d'un éclat véritable, les sciences atteignaient des bornes inconnues, le sol était riche de moissons, notre diplo-

matie dictait des lois au monde et nos armées ne rempor-
taient que des victoires. C'était là du moins ce que voyait la
foule superficielle. Elle oubliait la Patrie. »

Afin d'en réveiller le sentiment endormi et de rappeler au
patriotisme sa divine mission de garde-frontières, il a fallu la
vue de nos champs dévastés, de nos soldats captifs, de nos
drapeaux souillés, de nos provinces foulées aux pieds de
l'ennemi.

Mais en retour, gloire à Dieu! Quand vinrent les mauvais
jours, à cette heure critique de l'offense et de l'injure, il
s'échappa de nous comme une flamme que nous ne connais-
sions pas. Le patriotisme qui semblait sommeiller en nous, se
leva à l'état de fièvre étonnante dont les accès auraient dû
triompher de tout.

Et pourtant, la Providence dont les secrets desseins président
aux destinées des peuples ne voulut point couronner ces nobles
efforts, réservant pour ainsi dire à un avenir inconnu le
triomphe de la France, triomphe dont l'éclat se mesurera à la
somme d'héroïsme et de dévouement que de brillantes unités
auront centuplée par leurs exemples. Car malgré l'insuccès,
en raison même de la défaite, il y eut des vaillants et des forts.
Des voix autorisées ont célébré des noms que je puis citer ici,
c'est Dieu qui crée les braves : de Sonis, de Charrette, Bourbaki,
Changarnier, et parmi les plus humbles, leurs émules par la
bravoure, les sergents Kessler et Blandan. Et pour clore cette
page d'honneur, inclinons-nous avec respect devant la cendre
glorieuse d'Abel Douay tombé à Wissembourg, du général
Legrand frappé à Gravelotte, du colonel de Behagle devant
Sedan, de nos chers mobiles et légionnaires à Belfort ou à
Nuits. Quelque longue fût-elle, l'énumération resterait incom-
plète.

Il en est des héros inconnus tombés dans le rang, comme
des fidèles que la persécution menait au martyre sans même
les compter. N'est-ce pas ainsi que la Bible se contente

de mentionner Moïse, Gédéon, Judith, Judas Macchabée ; et notre histoire de citer seulement Clovis, Charles Martel, Duguesclin, Jeanne d'Arc. Pas n'est besoin à Dieu que nous dressions le tableau de ceux qu'Il daignera récompenser après avoir grandi leurs âmes à la hauteur du plus grand amour qu'on puisse témoigner à son pays, en lui faisant le sacrifice de sa vie.

Mais, si l'armée est coutumière de pareils sentiments, je crois l'honorer encore en vous montrant qu'ils furent vraiment contagieux et que la France chrétienne de 1870, à tous les degrés de sa hiérarchie comme sur tous les points de son territoire, a été et restera le pays du patriotisme.

Il me serait facile d'établir cette seconde partie de mon discours d'après l'essence même de la religion catholique, et d'en faire l'application à notre nation que sa piété filiale à l'égard de l'Église, son intelligence docile à ses enseignements ont justement fait appeler sa fille aînée.

L'Église exige de tous l'accomplissement de ce que nous devons à Dieu, au prochain et à nous-mêmes. Mais aux âmes de choix, et elles abondent, elle prêche le don généreux de sa personne et de ses biens, le renoncement incessant, le mépris de la mort, le sacrifice. Ce serait pour notre esprit une étape magnifique à parcourir entre ce que la foi nous donne et ce qu'elle nous demande, entre les vérités qu'elle apporte et les vertus qu'elle réclame.

Nous verrions ainsi que, à cette école du combat spirituel, le chrétien se forme tous les jours aux grands devoirs, et que, prêt à toutes les énergies pour la conquête du ciel, il l'est également à tous les sacrifices pour la défense de son foyer. Nous en viendrions à conclure avec saint François de Sales que le chrétien le meilleur doit être aussi le plus brave.

Je laisse à d'autres ces hautes considérations ; vos convictions sur ces principes sont parfaitement établies et vous serez plus touchés des faits qui en découlent. Que se passe-t-il en effet dans les occasions si fréquentes de parler du passé, et dans les conversations dont la dernière guerre est l'objet? Les politiciens, qui trop souvent ne voient dans les événements que la résultante des combinaisons humaines, supputent les chances bonnes et mauvaises d'après la direction éclairée ou le trouble des états-majors, les fautes ou les habiletés de la stratégie. Pour nous, au contraire, au bivouac et aujourd'hui, au foyer domestique et dans les causeries intimes, l'homme occupe la première place. C'est le portrait du général tombé en commandant la charge, c'est le dévouement obscur d'un sergent ou d'un simple soldat ; l'*homme* nous intéresse plus que *les abstractions* et les théories. Le conteur nous plaît, et par l'allure franche et simple de son récit nous émeut davantage que le savant par l'élévation de ses conjectures.

Je vais donc vous exposer familièrement quelques traits dans lesquels le sentiment religieux ne prime le patriotisme, que pour le marquer d'un caractère plus touchant. De la sorte, je remplirai naturellement le seul rôle qui me convienne aujourd'hui dans cette patriotique réunion, et quand je descendrai de cette chaire, le prédicateur écouté avec tant de bienveillance aura déjà fait place en moi à l'ami désireux de vous serrer la main.

La charité chrétienne commande de secourir nos semblables qu'elle rapproche de nous, en les qualifiant du nom de frères. Elle est héroïque, quand avec la certitude de mourir de faim, elle donne sans regret son dernier morceau de pain. Vous connaissez sans doute comment l'imagerie populaire l'a vulgarisée dans une petite estampe d'Épinal.

Mal vêtu, transi de froid, exténué de fatigues et de faim, un soldat évadé frappe à la porte d'une pauvre chaumière. L'ennemi n'y a laissé que l'indigence. Une vieille femme accueille ce fantassin avec un sourire baigné de larmes. Les derniers débris de son dernier meuble raniment le feu presque éteint. Elle a bien vite recueilli le peu de provisions qui lui restent. Elle presse son hôte affamé de manger encore, et lorsque celui-ci voit avec désolation que, s'il n'est pas rassasié, la pauvre femme lui a pourtant tout donné et va mourir de faim. *Tu as bon cœur*, s'écrie-t-elle! *mais je suis vieille moi; avec ce que tu as mangé je serais peut-être allée quelques jours encore, toi, tu pourras rejoindre les autres!* Et, le lendemain, elle aussi la pieuse Beauceronne, avait rejoint là-haut les *autres*, dont les exemples avaient inspiré sa charité.

Suivez tous les diocèses de France; ce ne fut dans l'épiscopat qu'une émulation constante pour l'érection des ambulances, l'appel sans cesse adressé à toutes les bonnes volontés, afin de soulager toutes les souffrances qu'on n'avait pu éviter. Quelques évêques, ceux des départements envahis n'hésitent pas à protester au péril même de leur vie contre la barbarie des conquérants. Qu'il me suffise de citer avec une respectueuse admiration la conduite de notre éminent archevêque, si digne, si fièrement Français et évêque, en présence des envahisseurs de son palais épiscopal à Nancy.

Dans les villes, dans les campagnes, les curés se prodiguent à encourager et à consoler, versant à la fois leurs prières au pied des autels et leurs offrandes aux comités de secours. Quelques-uns se font un devoir de suivre à la lettre l'exemple du bon pasteur qui donne sa vie pour ses brebis.

Le 4 octobre 1870, six habitants d'un petit village nommé du Hornes, envahi par les Prussiens, localité près de laquelle des francs-tireurs avaient fait feu sur l'ennemi, enchaînés et ayant en tête leur curé, se dirigeaient vers le champ du supplice sous l'escorte d'un détachement de uhlans. Ils sont condamnés à mort et vont être fusillés, lorsqu'ils sont rencontrés par un officier supérieur allemand. Ce dernier, surpris de voir un prêtre parmi les otages, demande une explication au capitaine commandant l'escorte, qui lui apprend que l'ecclésiastique est là parce que, de son propre mouvement, il est venu demander à remplacer un habitant veuf et père de six enfants. Le major prussien fait suspendre l'exécution et adresse son rapport à son général, qui, homme de cœur, fait venir le curé, nommé M. Gerd, et lui dit en français :

« Monsieur, je ne puis faire une exception en votre faveur, et cependant je ne veux pas votre mort. Allez, dites à vos paroissiens que je leur fais grâce à tous, à cause de vous. »

Puis se tournant vers les siens, il leur dit en allemand :

« Si tous les Français avaient autant de cœur que ce prêtre, nous ne serions pas longtemps de ce côté du Rhin. »

Vous me permettez de vous rappeler encore deux traits très émouvants. Je m'autorise chers compatriotes de votre amour pour vos prêtres, pour ne rien enlever au récit de leur tragique dénoûment :

C'était le 12 février 1871 par une journée glaciale :

L'ennemi faisait un mouvement tournant pour surprendre, dans le village de Flévecourt, les derniers tirailleurs, qui se défendaient avec acharnement, commandés par un enfant du pays. Le sergent Maignet avait résolu de faire payer cher aux Prussiens leur arrivée à la maison paternelle, et c'était pied à pied qu'il cédait le terrain devant le flot envahissant. Arrivé devant sa demeure, une dernière fois il harangua sa petite troupe de braves, qui s'élança sur l'ennemi à la baïon-nette, en criant : Vive la France ! Ce fut un combat terrible, acharné ; l'ennemi fut repoussé jusqu'au bout du village. Alors le sergent donna le signal de la retraite, et voulut entrer dans la ferme pour dire un dernier adieu à ses vieux parents. Mais, à peine avait-il posé le pied sur le seuil, qu'une balle prus-sienne le frappait en pleine poitrine. La porte s'ouvrait au même instant, et le vieux père recevait le cadavre de son fils dans ses bras.

— Mon fils ! mon fils ! mon pauvre enfant !

Le vieillard dépose sur le lit le corps de son enfant, pendant que la mère, à cet affreux spectacle, chancelle et s'évanouit.

Au dehors, la musique se faisait entendre, et les Prussiens entraient dans le village, dont ils prenaient possession.

A la nuit, on put voir un homme sortir de la ferme, tenant à la main un fusil, qu'il dissimulait tant bien que mal sous sa blouse. Il se dirigea vers le presbytère. Arrivé là, il grimpa sur le mur, d'où il pouvait découvrir le château, et attendit. L'attente fut longue : au château on faisait bombance, l'état-major prussien y fêtait sa victoire.

Tout à coup un bruit de voix se fit entendre, et plusieurs officiers sortirent du château. Ils s'arrêtèrent sur la place, en face du presbytère, et le plus grand d'entre eux, escaladant les marches de la croix qui se trouvait au milieu de la place, allait adresser quelques paroles à ses camarades, lorsqu'un coup de feu lui fracassa la tête. Le colonel prussien tomba au milieu du groupe épouvanté.

Au bruit du coup, l'abbé Miroy s'était avancé vivement.

— Monsieur le curé, dit en ce moment une voix dans l'ombre, mon fils est vengé ; cachez, je vous prie, ce fusil. Puis il disparut.

L'abbé Miroy n'hésita pas. Il ne voulut pas laisser un compatriote, un ami, exposé aux conséquences redoutables d'une pareille action. Il prit le fusil, et rentra au presbytère.

En ce moment on frappa violemment à la porte, il ouvrit. Un officier s'avança et demanda au curé s'il n'avait pas vu le meurtrier.

— Est-ce qu'il y a quelqu'un de tué ? demanda-t-il.

— Oui, on a assassiné le colonel.

— Le colonel, grand Dieu ! Mais c'est le coup que j'ai entendu sous ma fenêtre.

— Oui ; vous avez dû voir ce misérable, vous devez savoir par où il est passé.

— Je ne puis vous le dire ; la nuit est si noire, qu'il est bien malaisé de voir dans quelle direction on marche. Jugez vous-même s'il est possible de se reconnaître dans une nuit pareille.

Les Prussiens retournèrent auprès du colonel.

Pendant ce temps, les patrouilles arrêtaient une vingtaine de malheureux habitants, et les conduisaient, à moitié nus et à coups de crosse, au milieu de la place. Puis, au petit jour, une proclamation du commandant informait la population que si, dans deux heures, le coupable ne n'était pas livré ou n'était pas dénoncé, le feu serait mis au village, et que les vingt notables, y compris le maire, seraient fusillés.

Sur ces entrefaites, Maignet entrait au presbytère. Il était désespéré. Maintenant que sa vengeance était accomplie, il était effrayé des malheurs qui allaient en résulter.

— Ah! Monsieur le curé, j'ai eu bien tort. Que vont devenir ma femme et mes quatre enfants? Mon pauvre André était tout pour eux. J'étais tranquille ; je savais que, si je venais à mourir, ils auraient quelqu'un pour les protéger. Maintenant ils ne l'ont plus. Je n'aurais pas dû risquer ma vie, car ils me tueront s'ils me découvrent.

— Il n'est pas possible que l'on vous soupçonne, il n'y a aucune preuve, il n'y a pas de témoins.

— De témoin, il n'y a que vous, Monsieur le Curé, et certes... Il leva les yeux sur l'abbé Miroy avec une anxiété profonde.

L'abbé comprit le doute. Une pensée lui vint à l'esprit : pour sauver ce malheureux, fallait-il compromettre le salut et la fortune de tout le village? Il hésitait.

Maignet le dévorait des yeux, lisant sur son visage le combat qui se livrait dans son âme.

— Oui! Monsieur le curé, ne faites pas cela, ne faites pas cela... Mes pauvres enfants !

Le curé ne l'écoutait plus : — Mon Dieu! donnez-moi la force et le courage; ne vaut-il pas mieux qu'un homme meure que tout un peuple ?

— Agenouillez-vous et confessez-vous, dit-il.

Maignet comprit. Le secret le plus inviolable lui était assuré par l'aveu de sa faute.

Puis, le curé se mit à écrire deux lettres : une pour un curé du village voisin, et l'autre pour le général Crouzot, dont le quartier général était à douze lieues du village. Il les remit toutes les deux à Maignet, en lui faisant promettre de rester quarante heures absent — Pendant ce temps, je veillerai sur votre famille, lui dit-il.

Maignet partit. Alors le curé, après avoir changé de linge et d'habits, mit ses papiers en ordre, ferma ses tiroirs, prit son bréviaire et sortit. Il traversa la place où les prisonniers, mornes et désespérés, attendaient qu'on délibérât sur leur sort. Il arriva au château et demanda le commandant. Il fut introduit sur-le-champ.

— Que demandez-vous? Faites vite.

— Monsieur, je viens dénoncer le coupable qui a tué le colonel.

— Vous, Monsieur le curé, fit le commandant d'un air méprisant. Et bien! parlez. Qui est l'assassin?

— C'est moi.

— Vous?

— Oui, monsieur.

— C'est bien, monsieur, vous sauvez votre pays du pillage et de l'incendie. Je vous donne trois heures pour vous préparer à mourir.

On le conduit dans une salle basse. Une heure après, on frappait à la porte, et un prêtre se jetait dans ses bras. Ils s'entretinrent ensemble pendant longtemps. L'abbé Gillet pleurait; le curé Miroy rayonnait. Tout à coup, la porte s'ouvrit de nouveau, et sur le seuil, parurent des soldats en armes. L'abbé Miroy comprit.

— Je suis prêt, dit-il.

L'abbé Gillet se jeta à ses genoux.

— Bénissez-moi, mon père, que je reçoive la bénédiction d'un martyr.

Et l'abbé Miroy prononça les paroles sacrées sur la tête du curé de Beaune-la-Rolande.

On le conduisit au pied de la croix, à l'endroit même où le colonel était tombé, il demanda qu'on lui déliât les mains, ce qui lui fut accordé.

Presque au même instant, une terrible détonation ébranla les vitres de l'église, le prêtre était tombé foudroyé. Alors un homme s'approcha et attacha au pied de la croix un écriteau où on put lire : *Condamné, sur son propre aveu, par le conseil de guerre de la 17ᵉ division, pour assassinat, le 2 décembre 1870.*

Aujourd'hui, le pauvre curé repose en paix dans le tombeau que lui ont élevé les habitants, et, au pied de la croix, est placée une statue en bronze, couchée dans l'attitude même où on a trouvé l'abbé Miroy. Sur le socle, on a laissé l'écriteau prussien : *Condamné, sur son propre aveu, par le conseil de guerre de la 17ᵉ division, pour assassinat, le 2 décembre 1870.*

Cette mort rappelle celle non moins héroïque de l'abbé Ch. Miroy, curé de Cuchery, dans la Champagne. (Il y a des noms prédestinés.)

Le pauvre curé de Cuchery, à Reims, est tombé en avant comme on l'est quand on tombe frappé par une balle en pleine poitrine. Car une seule l'a atteint. Les douze Bavarois, qui devaient tirer dessus, répugnant sans doute à une si odieuse besogne, l'ont tous manqué excepté un. Celui-là avait frappé dans le cœur. Le pauvre curé était bien mort. On lui a épargné le *coup de grâce dans l'oreille.*

Qu'avait-il donc fait, ce prêtre? Son crime est connu. Il l'avait accompli à la prière de ses paroissiens épouvantés. Fut-il dénoncé? peut-être. Il subit la peine d'un humide cachot, il but de l'eau et mangea du pain noir, refusa de signer un pourvoi en grâce, se laissa garrotter les mains derrière le dos, aspirant à rejoindre dans un monde meilleur son père et sa mère, qui avaient péri quelques jours auparavant dans l'incendie d'un hameau brûlé par les Prussiens. Puis il marcha à la mort escorté des sombres capotes; c'était à 6 heures. Personne dans les rues, excepté le sinistre cortège, qui gardait un morne silence. Le prêtre aussi se taisait. Arrivé à la porte de Reims, presque dans son village, *durant l'armistice*, on l'a tué, quatre jours après les élections générales.

De pieuses mains donnèrent au martyr la sépulture chrétienne. Sa tombe fut couverte d'immortelles, et sur la croix tumulaire on peut lire ces mots : *Ici repose l'abbé Ch. Miroy, mort victime de son patriotisme.*

Une affiche allemande signée de Rosenberg-Cruszcuky, lieutenant-général, Reims le 12 février 1871, disait textuellement :

« Charles Miroy, curé de Cuchery, âgé de 42 ans, ayant caché et distribué aux habitants des armes, a été arrêté, et, en vertu d'un arrêt du conseil de guerre, fusillé aujourd'hui matin à Reims, *pour crime de trahison envers les troupes allemandes.* »

Depuis ce temps, la terre où repose ce vaillant est devenue le but d'une sorte de pèlerinage. Représenté étendu un peu sur le côté droit, la joue droite sur la terre, les cheveux épars, le bandeau défait, la tête fine avec une belle expression d'énergie et de bonté, les deux mains renversées, tel qu'il était tombé sous le coup de la *justice* prussienne, l'abbé Ch. Miroy porte, en toute saison, un bouquet de fleurs dans ses mains, mais on ignore les personnes remplissant cet acte de piété : chaque jour les fleurs sont renouvelées.

« Voilà donc deux noms, les mêmes, portés par deux curés, morts tous deux dans les circonstances semblables à trois mois d'intervalle, l'un dans le Loiret et l'autre dans la Marne, durant l'année terrible. Tous deux ont également leur bronze.

« Ceux-là resteront, parmi tant d'autres, pour dire aux générations futures comment le prêtre catholique français comprit son noble devoir et sut payer à la France sa dette de patriotisme, ne consultant que son cœur, sans avoir besoin, pour l'y forcer, d'une *loi militaire*. »

Et nos Frères, religieux de tous ordres, les voyez-vous aux fortifications de Paris, sous le feu de l'ennemi, à Belleville à Bercy, partout enfin, se multipliant dans leur dévouement à tel point qu'il a fallu un long volume pour en retracer les périls et la générosité. Vous lirez tous ces détails que le temps trop limité m'oblige de taire, dans le recueil dont le général Ambert a composé son livre, l'*Héroïsme en soutane*.

Je nomme seulement les vaillantes sœurs de Saint-Vincent de Paul, en qui le patriotisme est aussi traditionnel que leur bienfaisance en France et à l'étranger. Elles sont hors de concours ; et furent en 1870 telles que nous les avons toujours vues et admirées. Toutefois dans la grande famille religieuse du catholicisme dont elles sont la gloire, elles ont des sœurs jalouses de ressembler à leurs aînées. Je choisis ici entre mille la belle conduite de Sœur Saint-Henri, supérieure de l'hospice de Janville (Eure-et-Loir).

C'est elle qui, pendant la guerre de 1870, arrêta un convoi de blessés français exténués de fatigue, à bout de forces, s'opposant en véritable héroïne à la mise en marche ordonnée par un officier prussien sans pitié.

« *Monsieur, dit-elle, ces blessés sont à moi, je ne veux pas qu'on les traîne plus loin*. » L'officier protestant, la sœur continua d'un ton impérieux. « Faire mourir inutilement des blessés est le fait d'un misérable ! *Charretier, dételez*. » L'officier n'osa passer outre, et les blessés restèrent à Janville, où la sœur Saint-Henri se trouvait déjà à cette époque.

L'amour de la France qui rencontrait de si nobles accents dans les âmes vouées au sanctuaire devint universel à mesure qu'il y eut plus de besoins à secourir et de blessures à panser. Aux lieux de l'investissement ou de l'invasion, à l'exemple des Dames de Metz se faisant *ambulancières*, toutes les femmes deviennent spontanément hospitalières et sœurs de Charité.

Exemples réconfortants dont nos désastres matériels ne contribuaient qu'à augmenter le nombre. Plus les dévouements se faisaient nombreux, plus aussi leurs auteurs s'empressaient autour des autels, comme à leur source pure et intarissable. On se rapprochait de Dieu en se rapprochant de la Patrie tant éprouvée. Et, comme si la foi religieuse eût mérité de survivre par une dernière œuvre patriotique à toutes celles qu'elle avait suscitées en leur temps, lorsque le canon eut cessé de gronder et de faire de nouvelles victimes, l'Église provoqua l'Œuvre des Tombes. Des hommes allèrent jusqu'au fond de l'Allemagne s'agenouiller près de nos morts, et planter, sur leur tertre gazonné, la croix qui rendra plus doux leur dernier sommeil. Ils ne seront pas oubliés ; la religion qui apporta des mains si délicates au soin de leurs membres meurtris, aura pour leurs âmes ses prières les plus ferventes.

Je termine, mes chers Camarades, par ce dernier souvenir.

Ceux qui furent bloqués dans Belfort n'oublieront jamais l'épouvante qui saisit la ville entière, quand le siège fit brusquement tomber sur elle cette pluie de fer qui devait, durant soixante et treize jours, continuer sans trêve ni repos son œuvre de destruction.

Après le bombardement des Barres, de Bellevue, des Basses-Perches et du Château, une lueur d'espérance se laissa voir. Sur la rive droite de la Savoureuse en suivant la ligne des hauteurs de Brevillers et de Châlons-Villars, on entendit le canon d'Héricourt.

Le rapport du 9 janvier ranima tous les courages. *Dieu nous aide !* s'écriait-on ; *le canon gronde mais s'approche.* Jamais plus délicieuse ni plus douce harmonie ne fit tinter l'oreille humaine ! Paroles bien françaises, paroles de croyants et de patriotes ; elles résument tous les sentiments que je suis ravi de trouver réunis dans la cérémonie de ce jour, sous les emblêmes de la croix et du drapeau.

La *croix!* pitié, mon Dieu, pour tous ceux qui reposent à son ombre et sont tombés au champ d'honneur!

Le *drapeau!* Merci, Dieu de souveraine bonté, pour nous qui sommes revenus sous ses plis toujours honorés, toujours aimés en raison même du crêpe qui les recouvre!

Agenouillons-nous donc tous ensemble devant la croix, c'est l'école du patriotisme parce que c'est l'école du sacrifice, et nos bras seront forts à porter le drapeau, et à le faire respecter en le faisant aimer.

A genoux devant Dieu, mais debout devant l'homme.

Après cette allocution, tandis qu'à l'Autel, M. le curé offrait le Saint-Sacrifice pour ses paroissiens, il y avait au fond des cœurs une fervente prière. Chaque ancien combattant évoquait dans un pieux souvenir la douloureuse pensée de ceux qui n'avaient pas revu le pays natal, de ceux, nombreux aussi, qui, atteints d'infirmités contractées au service de la Patrie, étaient venus rendre le dernier soupir à l'ombre du clocher.

Cette part faite à Dieu, les rangs se formaient de nouveau et le défilé recevait sur son passage les félicitations et les sympathies de toute la population; témoignage profondément cher à ceux qui aiment leur Pays, à nous qui avons pour Saint-Laurent-de-Chamousset le double culte, qu'on garde pieusement en son âme, à son berceau et à ses amis.

Nous ne voudrions omettre aucun détail de cette fête ; la journée fut trop courte, tous les instants eurent leur prix ; voilà pourquoi nous nous plaisons à tout raconter.

A midi, s'ouvrait le banquet dans un local spacieux que M. Vial avait décoré avec le meilleur goût. Au-dessous des trophées de drapeaux tricolores étaient inscrits les principaux combats de l'Année terrible, et au milieu de la salle, à la place d'honneur, entre deux drapeaux cravatés de deuil, les noms des deux provinces que la revanche nous rendra un jour.

Les toasts furent ce qu'ils devaient être, pleins de cordialité et de patriotisme.....

M. Patin, vice-président de la Fanfare s'excuse de prendre la parole à la place de M. Bois, président. Il félicite les nombreux convives d'être unis aujourd'hui avec autant de bonne grâce et de cœur qu'ils l'étaient, il y a vingt ans, pour la défense nationale.

M. Protière rappelle le souvenir des absents que leur pensée associe fraternellement à ce banquet : M. Gondamin, l'ancien capitaine-commandant, l'ami dévoué de ceux qu'il avait sous ses ordres, l'ami Benoît, son cher camarade, M. l'abbé Faure, vicaire à Saint-Étienne. Il donne lecture d'une lettre signée : Devuns, curé de Hauterivoire, ancien aumônier des mobiles de la Loire. Il y a dans ces pages trop brèves un souffle de patriotisme si généreux, qu'elles sont accueillies par des bravos unanimes.

M. Quinaut, le vaillant amputé, remercie l'orateur du matin et porte un toast chaleureux à tous les convives dans un langage vraiment inspiré et plein d'à-propos.

Les toasts se succèdent vibrants et communicatifs de la part de MM. Brandibas, Mazard, Granjon, etc. M. Rol offre un vin d'honneur, tous les verres se lèvent et toutes les voix entonnent, « comme faisaient nos pères, » ce vieil unisson qui traduit les joies du présent et les souhaits de l'avenir :

Et dans vingt ans que nous fassions de même !
Et dans vingt ans que nous fassions autant !

La Fanfare joue avec beaucoup de brio un hymne guerrier.
C'était le signal du moment réservé aux chants patriotiques et
aussi aux mélodies plus tendres qu'on disait ensemble autre-
fois, à l'orée du bois, après le travail, et au village, le dimanche,
sans en troubler jamais la tranquille et harmonieuse sérénité.

M. H. Matagrin, un jeune celui-là, mais qui déjà sent au
cœur les sentiments élevés de ses aînés, fut couvert d'applau-
dissements quand il donna lecture des belles stances que nous
reproduisons ici. Elles terminèrent le banquet et en main-
tiendront le sens patriotique sans atténuer sa religieuse
expression.

AUX BRAVES DE 1870-1871

Banquet des Anciens combattants de Saint-Laurent-de-Chamousset

LE 11 MAI 1890

C'était aux jours où grondait le canon,
Où sa voix de bronze chantait les funérailles,
Des braves immolés dans le choc des batailles
     En repoussant l'invasion !

Les trois couleurs reculaient lentement,
La Patrie appelait enfin pour les défendre
Au combat ses enfants, ses fils prêts à répandre
     Leur dernière goutte de sang !

Et pour répondre à son suprême cri,
Nos soldats sont partis en épaisses cohortes
Pour couvrir de leurs corps, de leurs poitrines fortes
     De la France le sol chéri.

Ils sont partis nos légers voltigeurs,
Le lignard, le turco, le zouave intrépide,
Le dragon, le hussard à la course rapide,
     Les grenadiers et les chasseurs.

Nos cuirassiers au vêtement d'airain,
Se sont recouverts de leur parure de guerre,
Nos braves artilleurs ont traîné leur tonnerre ;
     Hélas, hélas ce fut en vain.

Mais cependant, ô nobles combattants,
Ils ne sont pas perdus, vos efforts héroïques,
Ils feront palpiter les cœurs patriotiques
    De vos neveux, de vos enfants !

La France en deuil essuyera ses pleurs,
Dans son cœur nous verrons renaître l'espérance,
Le sang de nos héros réclame la vengeance,
    Un jour nous reviendrons vainqueurs.

Souvenons-nous de Strasbourg et de Metz,
Si l'Allemand ne rend l'Alsace et la Lorraine,
Vainement il dira : « Français, assez de haine, »
    « Oubliez ! » Nous dirons : « Jamais ! »

Étaient présents au Banquet

MM. BASSON.
BAZIN.
BAZIN (P.).
BEYRON.
BERTHET.
BESSARD.
BLANC (B.).
BLANC (P.).
BONNARD.
BOURRAT.
BRANDIBAS.
BRUN.

CHARACHON.
CHARTON.
CHAZAUD.
CHIGNARD.
COMMARMOND.
COMMARMOND.
CHOUZY.
CHOUZY.
COQUARD.
CROZIER.

DELORME.
DIDIER.
DUBŒUF.

ESPERCIEUX.

FAURE.
FAYEL.
FAYOLLE.
FLACHARD.
FOREST.

MM. GAREL.
GRANJON (Et.).
GRANJON (J.-M.).
GILET.
GIGANDON (F.).
GIGANDON (P.).
GIRAUDIER.
GODDE.
GONIN.
GOUBIER (aîné).
GOUBIER (cadet).
GUILLOT.
GUILLOT.
GUILLOUX.
GROMOLARD.

JOURDAN (P.).
JOURDAN (B.).
JOURDAN (F.).
JUBIN.

LAMBRUNY.
LORNAGE.

MABAUT (aîné).
MABAUT (cadet).
MALLET.
MAGAT.
MARTIN.
MAZALON.
MAZARD.
MATAGRIN.
MERLE.

PATIN.

MM. PELLETIER.
PICARD (vicaire).
PICOLET.
PONCET.
PONCHON.
PROTIÈRE (curé).
PROTIÈRE, sous-off. au 99ᵉ.

QUINAUT.

RAYNARD.
ROCHET.
ROL.
ROSE.

MM. SARRAZIN (C.).
SARRAZIN (J.-B.).
SARRAZIN.
SARTELON.
SOULIER.
SOURDILLON.
TARDY.
TIEN.
TOLLET.
VERMARE.
VERMARE.
VEYRAT.
VIAL.

S'étaient fait excuser

MM. GONDAMIN, ancien capitaine, commandant de la Garde mo-
bile, 5ᵉ compagnie, 1ᵉʳ bataillon.
BOIS, notaire, président de la Fanfare.
FAURE, vicaire à Saint-Étienne.
DEVUNS, curé de Hauterivoire, ancien aumônier des Mobiles de
la Loire.

LYON. — IMPRIMERIE PITRAT AÎNÉ, RUE GENTIL, 4.

www.ingramcontent.com/pod-product-compliance
Lightning Source LLC
Chambersburg PA
CBHW060808280326
41934CB00010B/2599